LE PROGRÈS ET SES ENTRAVES

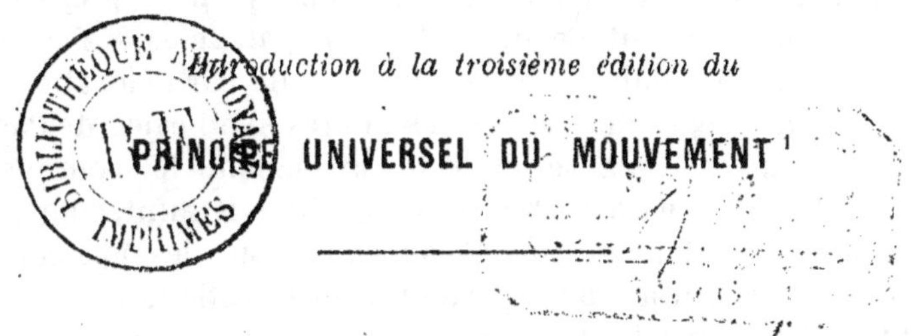

Introduction à la troisième édition du

PRINCIPE UNIVERSEL DU MOUVEMENT[1]

Le livre *Principe universel du mouvement* a non-seulement pour but de faire connaître et de développer la plus grande, la plus féconde des lois dont puisse jouir l'humanité ; mais aussi de montrer combien notre philosophie est dans l'erreur, en étouffant la science par des hypothèses fausses, sous prétexte qu'elle conduirait au matérialisme.

Cette erreur fatale est le fléau de l'humanité ; elle est la source de la lutte entre ceux qui ne comprennent pas qu'on entrave la science, au grand préjudice du bien-être social, et ceux qui croient tout sauver en semant l'ignorance et les hypothèses, qui, selon eux, doivent protéger l'humanité contre le matérialisme. Les premiers veulent la science et la lumière qui donnent le bien-être, les seconds veulent le contraire, ou au moins les plus grandes réserves et la participation exclusive de leurs initiés aux affaires publiques. Ces discordes font la principale cause des révolutions, des coups d'Etat, des malheurs incalculables que crée la lutte.

Combien donc serait importante une découverte qui viendrait dire aux hommes : Vivez en paix ; la science et le bien-être, le dogme et la morale ne sont point en lutte, mais ont chacun leur part distincte dans les lois de la nature ! Eh bien, cela existe, cela est certain ; mais que de difficultés pour vaincre les préjugés, les entraves et surtout les hommes qui redoutent de troubler la sérénité de leurs vieilles idées et une position faite dans ces conditions !

Depuis Salomon de Caus, la science officielle connaît le principe de la répulsion de la vapeur, et par suite celui de la répulsion éthérée universelle qui n'est qu'une extension de ce même principe, qu'on désigne sous le nom de force vive. Mais comme on ne pouvait en préciser toutes les conséquences sans connaître la

[1] Par P. Trémaux, ⁂. Paris, rue Vernier, 21. Vol. in-12 avec figures. Envoi *franco*, 2 francs.

loi de la transmission de cette force, on a cru qu'elle devait conduire au matérialisme, et l'on a jugé à propos de dissimuler la réalité sous une forme négative d'attraction universelle, afin d'entraver la science, croyant ainsi éviter ces conséquences préjugées.

« C'était apparemment beau, dit *le Propagateur de la Méditer-*
« *ranée*, juin 1875 ; puis *l'Explorateur*, publié par délégation de
« la Société de géographie et des chambres syndicales de Paris,
« 29 juillet ; mais la cause de cette attraction, le pourquoi ?
« Mystère. M. Trémaux a déchiré le voile d'Isis. Il suffit, pour s'en
« convaincre, de jeter un rapide coup d'œil sur les lois par lui
« énoncées et dont il a trouvé partout la justification.

« 1° Les chocs ou vibrations des corps ne peuvent produire que
« de la pression ou une répulsion universelle, dans l'éther comme
« ailleurs.

« 2° Les corps se transmettent d'autant mieux cette force vive
« de répulsion qu'ils sont plus *semblables* et d'autant moins qu'ils
« sont plus *différents*. Les corps *différents* qui se transmettent
« insuffisamment cette force sont comprimés, comms *s'ils s'atti-*
« *raient*, et équilibrés par les pressions des milieux fluides.

« De là cette loi importante qui les résume admirablement: *Les*
« *corps* SE REPOUSSENT *en raison de leur* SIMILITUDE, *et*, *relative-*
« *ment*, S'ATTIRENT *en raison de leur* DIFFÉRENCE.

« En effet, peut-on soutenir que toute espèce de choc ne donne
« pas de la répulsion ? Ce serait se refuser à l'évidence. Faites
« choquer deux billes entre elles; examinez les vibrations des
« fluides telles que celles des gaz et des vapeurs dans nos ma-
« chines, et vous serez contraint d'admettre comme incontestable
« conséquence que le fluide éthéré, qui subit des centaines de
« millions de vibrations par seconde, ne peut produire qu'une
« immense répulsion.

« D'un autre côté, vous ne tarderez pas à vous convaincre que
« les vibrations indiquées d'un même élément sont si facilement
« transmises entre elles, qu'elles apportent les vibrations lumi-
« neuses d'étoiles excessivement éloignées, sans qu'elles traver-
« sent les corps solides ni qu'elles se rendent sensibles à nos
« organes très-*différents* ou d'une densité autre que celle de
« l'éther. Mais, par contre, nous ne pouvons que sentir d'une
« manière bien accentuée la vitesse ou la répulsion d'un autre
« corps d'une densité à peu près *semblable* à la nôtre. »

Le Constitutionnel du 18 avril dit de son côté : « Ce principe embrasse, par analyse et synthèse, l'esprit et la matière, les mondes et l'homme, la physiologie et la morale ; il touche même à l'économie politique ; et ce vaste cercle se circonscrit dans 174 pages ! C'est (par suite d'entraves) un des plus prodigieux efforts de concentration... C'est l'intelligence qui parle... et la simplicité des preuves accumulées par le novateur est frappante. » Comme preuve, il les cite à ses lecteurs : « Depuis les billes qui se choquent entre elles sur le drap vert du billard ou qui sont repoussées par la rencontre des bandes, jusqu'aux machines à vapeur dont la puissance naît de la pression ou de la répulsion des fluides, le coin, le levier, l'engrenage, ne sont que des modes de pression. Le cheval même, qui semble tirer, ne fait que s'appuyer sur son collier pour agir sur des corps dont la solidité procède de la même cause.

« L'exemple tiré de la machine à vapeur doit être particulièrement cité : Lorsque l'agitation moléculaire, dit l'auteur, domine dans le récipient, considéré dans sa plus simple expression et placé horizontalement pour éviter l'objection de la pesanteur, elle repousse le piston à l'extérieur ; puis, lorsque cette répulsion diminue assez, c'est la pression extérieure, seul et unique effort que l'atmosphère puisse exercer, qui refoule le piston dans l'intérieur ; alors il se rapproche comme s'il était attiré, par cela seul que la répulsion intérieure est plus faible.

« M. Trémaux s'empare ensuite de la pomme qui a servi de point de départ au système de Newton. Lorsqu'on nous dit, objecte-t-on, que la pomme tombe sur le sol comme si elle était attirée par lui, que deux astres s'infléchissent, en passant, l'un vers l'autre, par une action attractive de ce milieu sidéral qui ne peut que repousser, il y a un énorme contre-sens. Si cette pomme était au milieu d'un espace sidéral, uniforme, libre, elle recevrait également de toute part les vibrations éthérées qui la laisseraient en équilibre entre des pressions égales. Mais si elle n'est qu'à quelques mètres au-dessus de la surface de la terre, elle reçoit encore également, de tous les côtés où le ciel est libre, la pression des vibrations éthérées ; du côté de la terre, les vibrations se trouvant atténuées et, par suite, ne pouvant plus faire équilibre aux vibrations qui viennent de tous les autres côtés avec toute leur puissance, la pomme tombe vers la terre où la répulsion est moins forte. »

La loi des transmissions de force vive se résume ainsi : *La force vive se transmet mieux ou subitement entre corps semblables ; elle se transmet moins bien ou partiellement et successivement entre corps différents.*

La loi des transmissions de force ne changeant pas avec l'échelle des corps, qu'ils soient tangibles ou non, il est facile de vérifier expérimentalement cette loi universelle au moyen des chocs des billes élastiques semblables ou différentes, au moyen des appareils de nos cabinets de physique ou autrement, ainsi que nous l'avons exposé au § 2 du *Principe universel du mouvement*.

En présence de faits précis, vérifiés de toute part, à l'appui de cette loi, ce que l'Académie ne peut invoquer à l'appui de ses fausses hypothèses, elle n'a qu'un moyen de résister, c'est le silence, les faux-fuyants, l'injustice, ou bien de chercher à justifier la nécessité de son système d'obscurantisme, né aux époques d'ignorance, ce qu'il lui est impossible de faire, on va en juger.

Aujourd'hui encore l'Académie des sciences n'ose avouer ses erreurs, et pour motiver ses fausses préventions, c'est d'un légume, de la laitue, qu'elle tire ses lois psychiques et morales ! On pourrait croire que j'exagère, pas du tout. Voyez les *Comptes rendus* des séances de l'Académie des sciences, t. LXXXI, p. 520 et suivantes, intitulées: *Variations désordonnées des plantes hybrides et déductions qu'on peut en tirer.* A la suite de descriptions d'hybrides de laitues, on lit ces déductions : « Mais d'où vient « l'hérédité ? Pour répondre à cette question, il faut remonter « aux lois mêmes qui régissent le mouvement » (loi dont l'Académie n'avait jamais connu le mode d'action exact avant ma découverte, dont elle cherche à se gratifier ; cette ignorance surtout était cause de ses erreurs). « Le mouvement est toujours le pas- « sage d'un équilibre à un autre, et toujours aussi il se fait dans « le sens de la *moindre résistance.* » (Remarquons encore ici que l'Académie entend bien parler de la *moindre pression ou répulsion,* et non d'attraction, car, dans ce cas, il aurait fallu dire que le mouvement se fait toujours dans le sens de la *plus forte attraction.*) « Il en résulte qu'une fois qu'il a commencé à suivre une « certaine direction, il tend à y persévérer, parce qu'il élargit sa « voie et aplanit de plus en plus les obstacles. Dans l'ordre phy- « siologique, dans l'ordre *psychique et moral lui-même,* nous re- « trouvons l'application de cette loi du mouvement... La repro- « duction des êtres organisés, comme *toutes leurs autres fonctions,* « est intimement liée à des mouvements moléculaires, et *puisque* « *ces mouvements ne peuvent échapper à la loi de la moindre* « *résistance,* ils doivent, pour chaque espèce, suivre des directions « déterminées. »

Nous voilà donc de par l'Académie livrés à la fatalité seule, qui fait de la morale une machine, de la justice l'injustice, de la fatalité la règle universelle ; mais ne croyez pas qu'elle veuille propager ces idées dans le public, elle tient seulement à justifier la nécessité de son vieux système d'obscurantisme et de fausse science. Dès lors comment s'étonner de voir le monde philosophique, qui dans cette voie sombre ne déborde pas toujours de science pure, tomber à bras raccourcis sur cette pauvre science, comme naguère M. le duc de Broglie devant les collégiens d'Evreux?

De son côté, le journal *les Mondes*, qui est le représentant scientifique des réticences religieuses, est si bien convaincu que la loi du mouvement doit tout expliquer, et qu'il faut l'étouffer pour ne pas arriver au matérialisme, qu'il me prête juste l'idée que je combats. On y lit (15 juil. 1875) : « M. Trémaux fait une grave « erreur lorsqu'il affirme que sa découverte montre que la science « vraie est la seule base sûre pour le dogme comme pour le bien-« être social. Ce que l'auteur peut avoir découvert, c'est un *prin-« cipe universel du mouvement* ; selon lui, le dogme ne serait « qu'une loi de mouvement. »

Non, non, le principe du mouvement n'explique pas tout ; si vous l'aviez découvert et appliqué, vous en seriez convaincus. Son action est universelle, mais elle n'agit pas seule dans les êtres organisés. D'abord, lorsque vous dites que le mouvement élargit sa voie, cela ne suffit pas à expliquer le perfectionnement matériel de l'espèce, puisque l'élargissement de voie est le plus souvent une cause morbide ou de caducité. Il faut encore admettre divers ordres de faits, autres que le principe du mouvement ; c'est d'abord que l'être qui se trouve le mieux adapté aux conditions de vie a le plus de chance de reproduire sa descendance. Ensuite, il faut encore admettre un autre ordre de faits plus étonnants : c'est que toutes ces qualités puissent se transmettre par un germe souvent imperceptible dont la matière amorphe ne montre aucune trace d'organisation, même à l'aide des plus puissants microscopes.

Il y a donc déjà là, en outre du principe du mouvement, l'intervention de deux ordres de faits qui défient les expériences : l'un parce qu'il est le cumul d'une infinité de générations qui remontent aux âges les plus reculés ; l'autre parce qu'il appartient à des éléments non tangibles dont la prodigieuse ténuité surpasse infiniment les facultés de nos organes et la puissance de nos instruments. Ainsi, avec le concours de ces ordres de faits suffisamment appréciables, nous constatons que les voies suivies par la moindre résistance ne sont déjà plus fatales ou indéterminées, mais *choisies* par l'expérience des siècles et choisies avec une perfection qui défie l'art humain. Vous voyez bien, messieurs les philosophes, que, même pour des choses purement matérielles, l'œuvre divine n'est pas aussi aveugle que vous l'aviez pensé !...

Mais ce n'est pas tout : lorsqu'on remonte au règne animal seul, on rencontre, en outre, le principe de l'intelligence et de la volonté, des instincts et de l'âme. Ici ce n'est pas seulement le mode d'action qui est insaisissable, c'est aussi le résultat même qui est en contradiction absolue avec le principe du mouvement et de la force fatale. Pour en acquérir la conviction, j'invite l'Académie et les philosophes religieux ou matérialistes à une expérience facile : à venir observer un régiment qui va manœuvrer à l'ordre de son commandant. Au commandement de : En avant! Gauche! Droite! etc., chaque soldat va partir du pied gauche ou du pied droit, faire ceci et cela, et certes on ne dira pas que c'est le hasard ou la fatalité qui fait que la moindre résistance soit rencontrée dans chaque homme de telle sorte que tous ces ordres imprévus s'exécutent ponctuellement au même moment et malgré les dispositions diverses de chaque individu. On ne peut donc pas se prévaloir de la seule conséquence d'un enchaînement de forces intérieures pour chacun des individus; ils présentent certainement des conséquences diverses et ne pourraient se rencontrer en même temps. D'ailleurs, chaque soldat exécute l'ordre d'un autre et n'obéit pas aux dispositions spéciales qu'il peut avoir.

L'esprit, l'intelligence, l'âme de chaque homme a donc, de la manière la plus indubitable, la faculté de disposer de la moindre résistance qui détermine le mouvement, et qui, dès lors, n'est pas une fatalité lorsqu'il s'agit des facultés volontaires. Tous les raisonnements mathématiques et de lois de mouvements sont obligés de s'incliner devant ce simple fait. Voilà certainement le plus merveilleux des miracles, miracle indubitable qui défie toute la science positive et auquel nos philosophes feraient bien de ne pas substituer, les uns de vagues présomptions de leur esprit qui sont en désaccord avec les faits, les autres mille absurdités qui ne résistent pas même à un médiocre examen.

Ainsi, pour peu que nos philosophes veuillent bien ouvrir les yeux, ils verront que les phénomènes ne répondent pas à la seule loi du mouvement, mais que divers ordres de faits spéciaux interviennent avec cette loi ainsi qu'il suit :

1° Dans la matière inorganique règne surtout la force fatale.

2° Dans les règnes animal et végétal, la force fatale combine son action avec une influence héréditaire dont l'action tient à un état de choses insaisisable et qui remonte aux générations les plus reculées.

3° Dans le règne animal seul, ces divers ordres de faits combinent leur action avec le principe de la volonté, bien autrement remarquable, qui intervient dans les principaux phénomènes de la vie et qui permet d'aller ici ou là, de faire ceci ou cela.

Voilà donc divers ordres de faits qui interviennent avec le principe du mouvement dans les êtres organisés ; divers ordres de faits insaisissables dans leurs éléments, mais dont l'expérience accuse les résultats sous certaines formes. Or, l'un d'eux donne des faits en opposition complète avec le principe fatal du mouvement, faits qui dépassent tout ce que la puissance humaine peut concevoir. Dès lors, étouffer le principe du mouvement, qui ne s'applique seul qu'aux choses de la plus grande utilité pour le bien-être social, serait la plus grande méprise que l'on puisse commettre!

Les gouvernements ont toujours recherché l'ignorance du public pour augmenter leurs pouvoirs et priviléges. — Cela est dans la nature humaine. — Ils n'avaient pas l'idée des immenses progrès que la science peut accomplir et dont ils privaient l'humanité tout entière ; ils n'obtenaient que le privilége dans la misère et la discorde. Si c'est la question de morale et de bien-être général que vous poursuivez, vous l'aurez par ce principe. Mais, hélas, si c'est la question d'égoïsme, que faire devant l'immense organisation de l'obscurantisme qui a tant de moyens d'entraver un livre, que d'ailleurs elle noie sous les innombrables publications du système qui continue indéfiniment son œuvre, alors que l'auteur et le livre poursuivi disparaissent bientôt?

Malgré l'influence de mon principe sur les récentes découvertes, malgré les nombreux comités secrets tenus par l'Académie des sciences pour discuter ce principe, et qui m'ont fait dire par l'un de ses membres, avec une expression qui révèle toute l'étendue de l'incertitude académique : « *Ah ! vous nous en donnez du fil à retordre !* » la majorité n'a encore pu renoncer à ses vieilles idées.

Pour arriver à un résultat vraiment scientifique, l'Académie se perpétue trop entre membres qui n'y sont admis qu'à la condition d'en épouser le système ou qui, comme M. d'A..., ont été élus non-seulement pour avoir cru découvrir les sources du Nil dans... les montagnes de la lune, mais surtout parce qu'en cherchant la lumière dans les plus profondes caves de son château des Pyrénées, il entendit au milieu des trépidations du sol la voix de ses ancêtres lui souffler ces paroles à l'oreille : « Mon fils, n'oublie jamais que dans l'intérêt de notre cause, que tu connais, le soleil de la science doit être aussi brillant que celui de ces profonds et noirs caveaux, et garde-toi de toucher à l'opacité des lunettes de fer-blanc que notre philosophie a taillées à l'usage de cette science qui n'a jamais su justifier ni nos conceptions, ni notre supériorité, ni nos priviléges. »

Fidèle à cette aveugle consigne, en 1875, pendant la réunion du congrès des sciences géographiques au palais des Tuileries, M. d'A... me fit l'honneur de me signaler au président étranger du 2e groupe, en lui disant (traduction libre, mais exacte) : « Voyez ce satan chaussé de bottes rouges qui prétend éclairer « le monde de la torche qu'il tient à la main (*le Principe universel « du mouvement*). Ce n'est que la torche incendiaire de nos in- « comparables principes du moyen âge ; gardez-vous de lui donner « la parole. Il a osé inscrire en tête de son exposition et en « grandes lettres de feu :

« LA SCIENCE VRAIE, C'EST LA RICHESSE ET LA PAIX ! »

En effet, j'eus mille peines d'avoir la parole, et ce n'est qu'en prenant l'assemblée à témoin que je pus l'obtenir. Mais lorsqu'elle vit que dans son seul programme j'avais fait connaître la cause des *marées diurnes* et *semi-diurnes*, et non pas seulement celle de *marées semi-diurnes*, comme le prétend le principe de Newton, et que le rapport de M. Héraud, ingénieur hydrographe de la marine, eut fait connaître les documents du ministère de la marine, qui confirmaient mon principe ; quand l'assemblée eut nommé une commission internationale dans le but d'instituer des marégraphes dans diverses parties du monde pour développer ces résultats ; quand j'eus fait connaître la cause et le sens des courants d'air, des trombes et des cyclones que l'on discutait sans résultat à l'Académie des sciences ; quand j'eus exposé les causes principales des vents, pourquoi les indications du thermomètre précèdent celles du baromètre, et beaucoup d'autres faits en dehors des mille solutions de mon livre, à l'opposition avait succédé un vif intérêt. L'assemblée m'avait prêté la plus sérieuse attention, et le président, étonné de la généralité et du haut degré d'utilité de ce principe, proposa lui-même à l'assemblée de me désigner pour en faire le sujet d'une lecture en séance publique générale, ce qui fut adopté sans aucune opposition, pas même celle de M. d'A..., qui avait disparu.

Je rentrai chez moi joyeux, annonçant enfin le succès depuis si longtemps attendu ! et surtout obtenu devant une assemblée composée de savants français et étrangers des plus distingués.

Hélas ! ce résultat devait bientôt rencontrer de nouvelles entraves ; le bureau des séances publiques renfermait plus d'un d'A..., plus d'un de Q... (l'Académie s'introduit partout avec ses vieux préjugés), et ils firent si bien, que le moment de la clôture arriva sans que la parole m'eût été donnée. Bien plus, l'amiral de

L..., rapporteur du 2e groupe, avait lu son procès-verbal en séance publique, en retranchant absolument tout ce qui me concernait !

Puis, non-seulement leur liste d'élus ne fit *aucune mention* de mes travaux; mais le président de Q... déclara avec affectation et à plusieurs reprises que, « *pour ne rien omettre qui ait quelque mérite*, ils avaient recherché partout avec soin, même en dehors de l'exposition, *tout ce qui pouvait avoir quelque valeur.* » D'où cette conclusion tacite : ma grande découverte qui met en évidence les bévues philosophiques et scientifiques, et qui donne « *tant de fil à retordre* » à l'Académie, n'est pas digne d'attention. Pourquoi donc alors s'en occuper plus que jamais et me spolier? Malgré ces tristes prévoyances, on n'a pas remarqué que, mes travaux ayant été pillés et spoliés par les *Comptes rendus* académiques, comme par d'autres, cela constituait la plus haute approbation que des savants puissent donner ! Dès lors, pour lutter contre cette inique conspiration du silence, qui, dans ce cas, protégeait le vol, je me vis obligé de faire afficher la spoliation académique dans mon exposition.

Alors, grand émoi, conciliabule ; et l'on s'arrêta à ce joli plan : Deux commissaires de l'exposition, un officier de police et un entourage de sergents de ville vinrent pour enlever de force l'indiscrète affiche. Mais je ne me laissai pas intimider par cela. L'officier de police doit intervenir lorsqu'il y a flagrant délit, et je montrai, pièces en mains, que le flagrant délit était pour le fait académique. Plus il y avait de témoins, mieux cela faisait mon affaire, et mon affiche demeura à sa place avec des notices imprimées mises à la disposition des visiteurs et constatant la spoliation académique.

Les représentants de la presse scientifique savent qu'ils ne doivent mettre en lumière ou discuter que les choses que l'Académie accueille comme non contraires aux idées reçues. On discute fort l'opposition simulée ou dévoyée ; le silence est réservé pour le fait vrai que la discussion ne ferait que mettre en lumière. Il en résulte que la conspiration du silence n'a besoin d'aucune bonne raison. Comme une pieuvre à tête multiple et aux innombrables bras, elle étouffe simplement ce qui n'est pas conforme aux anciens préjugés. Avec cette déplorable facilité, les erreurs académiques n'ont aucun contre poids, et le premier malheur de ce système est d'étouffer la lumière qui pourrait nous délivrer de ses erreurs philosophiques nées de l'antique ignorance.

Du moment où la conspiration du silence n'a besoin d'aucune bonne raison, que lui importait que mon exposition fût plus importante que celles de divers États, et plus remarquée que celles de la généralité de ses élus ? qu'elle renfermât des documents de toute nature, plus de cinq cents lieues carrées de pays inconnus de la Nigritie, relevés avec triangulations, de vastes explorations, et diverses publications très-importantes ? Elle oubliait également qu'avant de devenir le souffre-douleur de la science pour avoir fait une trop grande découverte, mes travaux m'avaient valu, chose des plus rares : deux décorations en un seul jour (Instruction publique et Beaux-Arts) ; dix médailles, dont celles d'or et d'argent de l'Institut et de la Société de géographie ; plusieurs rapports très-favorables de l'Académie des sciences elle-même, et deux grands volumes de 700 pages d'articles de journaux et de revues sur mes travaux, recueillis dans un cabinet de lecture avant la conspiration du silence, et exposés pour montrer la différence des systèmes. Mais, pour mieux étouffer jusqu'à mon nom, tout cela ne valait plus rien, rien à leurs yeux, depuis que j'y avais ajouté la plus importante des découvertes !

Ainsi, les meneurs académiques se condamnaient eux-mêmes et montraient que le mérite n'était pas leur guide. Mais qui s'en aperçoit ? Bien peu de monde ; et le public s'imagine qu'il n'y a que les disciples de Loyola qui pratiquent ainsi la science, et demande simplement l'enseignement laïque, sans se douter de la cause du mal. A la Chambre même, les hommes de progrès ne voient pas cette situation, et le préjugé se propage librement, protégé par cette ignorance.

Pour jeter de la poudre aux yeux, on n'oublie pas même les petits moyens. Près de mon tableau astronomique appliqué aux marées et aux courants marins, on avait placé, sans rapport avec cette exposition, un grimoire aussi incompréhensible que peu remarqué, prétendant faire revivre le système du monde de la Bible et de Josué, gouvernant le soleil à la baguette : ce travail était signé : *Asinus* (*sic*), et aurait dû être signé *Asini*, en raison des participants à sa mise en scène. Puis le président de Q..., passant avec des personnes qui regardaient mon travail, se retournait en les interrompant et en disant : « Voici un système, en voici un autre ; cela se vaut ; passons. » Prenez garde, messieurs les juges : confondre la force calorique avec la baguette de Josué, ce n'est pas juger, c'est... *le coup de pied de l'âne.*

Rien ne manque à la comédie philosophique, et j'abrége.

Depuis qu'on ne brûle plus les hommes de progrès, et qu'on veut avoir l'air de soutenir la science, il en est nécessairement résulté un système de fausse situation qui s'étend au grand préjudice de la morale. J'ai eu à subir des difficultés pour mes publications, pour mes souscriptions, pour de sérieux intérêts, etc. L'Académie dit qu'elle n'est pas libre et n'est que la bête de somme du système; en effet, Belzébuth seul pourrait en démêler tous les fils (1). Mais à qui mieux qu'à elle faudrait-il s'adresser? Puis, mon principe ayant trouvé de sympathiques partisans dans les corps savants les plus considérables, même en haut lieu et à l'étranger, cela me consola un peu de ceux qui continuent leurs sourdes menées. Comme toutes les grandes découvertes qui ont modifié les idées reçues, mon œuvre sera prônée quand je ne serai plus.

Pourtant les récentes découvertes, plus nombreuses que de coutume, accusent déjà l'influence de mon principe dans les voies les plus diverses. Le docteur Guérin, en voyant qu'il suffit de la présence d'un corpuscule agissant en raison des matières

(1) Jusque dans le village où je suis né, l'envie aidant, des meneurs abusant des fonds communaux me firent des chicanes, qui tournèrent contre eux, mais qui ne me troublèrent pas moins dans mes difficiles travaux. Ainsi, ils avaient mis à sec mes bassins, et poissons, jardins et pré, en faisant couler le ruisseau par le chemin qui n'a nul besoin d'être inondé. Nuire ici, nuire là, voilà tout. Pour mieux réussir sur un autre point, ils ne trouvèrent rien de mieux que de nier paroles et écrits officiels, dont je ne pus obtenir copie certifiée que trop tard, et ils purent ainsi sans aucune nécessité me reprendre un droit de passerelle qui m'avait été concédé à 4 mètres au-dessus d'une ruelle dans l'air qui circule, sur une valeur de 5 francs de terrain, droit valant lui-même *moins de 30 sous* pour la commune, mais dont la suppression troublait considérablement mes dispositions prises. Pour apprécier toute l'iniquité de ce fait, il faut savoir que ce droit, dont j'ai joui nombre d'années, m'avait été offert comme seul dédommagement de longues et difficiles études que j'avais faites sur la demande de la commune pour lui conserver le passage de la route nationale nº 78, déclaré impossible avec les conditions voulues. Ces études furent adoptées par le conseil supérieur des ponts et chaussées, et mes seuls honoraires taxés eussent dépassé *dix mille francs, au lieu de 30 sous*... 30 sous! Quel joli bénéfice pour la commune! Ah! c'était bien beau! On avait joliment « *fait voir le tour* » à l'homme dévoué qui avait alors sacrifié toutes ses ressources et son temps pour la commune!

En voyant de telles choses, j'avais résolu de quitter mon pays, et de fortes dépenses étaient déjà faites pour une autre habitation. Mais, sans que j'intervinsse, l'autorité préfectorale ayant arrêté de nouvelles tentatives, en obligeant un meneur loquace et vindicatif à donner sa démission, et empêché le zèle d'un ou deux autres, mes préparatifs furent abandonnés.

différentes pour provoquer la fermentation et empêcher les plaies de guérir, a eu l'idée des pansements ouatés qui ont réussi de toute part. Pour présenter ses résultats à l'Académie en la prenant par son faible, il lui annonça le nouveau traitement comme étant destiné à protéger contre les innombrables germes que M. Pasteur prête aux fermentations et non pas seulement aux êtres déjà perfectionnés. Mais l'Académie se sentit piquée de ce qu'il avait plutôt l'air de se moquer d'elle, en écrivant dans son court mémoire sept fois le nom de *ferments* et pas une seule fois le mot *germes*, selon M. Pasteur.

Un autre, M. P. Bert, en apprenant que tout était régi par une pression universelle, expérimenta cette pression du milieu sur les êtres, et non plus l'attraction universelle, mais comme d'usage en faussant l'interprétation, et a obtenu le grand prix biennal. Pour nager dans les eaux académiques, il soutint d'abord à la Chambre législative M. Pasteur, aux dépens de M. Gervais, breveté avant lui, le 16 août 1827, pour le chauffage des vins. De plus il fit à M. Pasteur l'honneur de *tuer ses germes hypothétiques* par la pression du milieu pour conserver la viande. Je fis remarquer que la fermentation cessait simplement parce que la pression empêche le corps organique de se décomposer, ce qui reste évident. Dès lors il ne peut se produire ni acide carbonique, ni chaleur, ni vie sans carbone suffisamment libre. De même, pour qu'un combustible, houille ou bois, brûle, il faut qu'une certaine chaleur ou force locale desserre le carbone.

Pourtant M. Bert devrait déjà connaître les dangers des interprétations fausses ou insuffisantes; un seul exemple suffit: chacun connaît la catastrophe des malheureux savants Crocé-Spinelli et Sivel dans leur aérostat. Pleins de confiance dans les ballonnets d'oxygène de M. Bert apostillés par l'Académie des sciences, ils crurent que cela était suffisant pour braver la rareté d'oxygène résultant des différences de pression des régions supérieures, et la mort de ces martyrs de la science fut le prix de leur confiance. L'Académie veut-elle encore nous livrer à des interprétations fatales?

Je me hâtai de signaler le danger des interprétations fausses. Le journal *l'Univers* fut le seul qui publia mes observations; les autres, plus libéraux, observèrent mieux la consigne du silence académique. Mais l'Académie eut soin de retrancher elle-même de son rapport les interprétations *Pastorales*. Voici déjà plusieurs fois qu'elle s'exécute ainsi, mais en gardant son prudent silence à mon égard. Voilà comment on veut noyer l'influence d'un vrai principe.

Le Nouvelliste de l'Yonne, du 27 février 1876, dit : « Vous êtes *naturaliste* et *chimiste*, M. Bert : à preuve que, sur la foi de vos doctrines, deux jeunes gens — que vous avez oublié d'accompagner — sont allés, sur vos indications et encouragements, mourir à près de 9 000 mètres au-dessus du sol, bien plus sûr, où vous bénéficiez, vous, de leur généreux sacrifice... » M. Bert a pour excuse le système de fausse science qui aveugle ; mais combien est grande sa part de responsabilité dans ce système qui donne à l'un la récompense nationale, à l'autre le grand prix... d'*interprétation !*... D'autres ont fait des travaux *seulement utiles* ; mais, comme jadis, faveurs et bénéfices sont le prix de l'obscurantisme, l'entrave, celui du travail vrai. La base de la science n'étant pas à la portée de tous, reste le refuge des vieux us à la barbe de nos lois libérales et de nos hommes de progrès. Signalons aussi la singulière situation des hommes de science qui promettent à leurs électeurs politiques l'enseignement laïque, sachant fort bien que ce n'est qu'échanger le voile obscur du clergé contre l'entrave des fausses hypothèses que l'Académie impose à la science et aux livres classiques. Pauvre peuple, pauvres savants, trompés et trompeurs, que vous êtes à plaindre !... Malgré toute la confiance qu'on accorde à l'Académie, son silence ne suffit plus devant les révélations d'une grande loi ; elle a dû se défendre en donnant la raison de son système d'obscurantisme, et l'on vient de voir avec quelle facilité le grossier matérialisme qu'elle suppose a été combattu et l'humanité ne peut être condamnée à perpétuité aux calamités de ce régime. Cette loi vous éclaire de toute part ; mais si votre aveugle amour-propre veut encore sans nécessité prolonger sous mille formes les souffrances et les maux de l'humanité, que la responsabilité en retombe sur qui l'aura voulu.

Dans l'atmosphère, comme ailleurs, pour ne pas s'exposer à de nouvelles catastrophes, il faut connaître la vérité, et la vérité est qu'en somme *la pression n'est pas moindre à* 10 000 *mètres de hauteur que sur le sol !* Ah ! je vous entends, grands amateurs de fausseté, vous récrier contre cette hérésie selon vous. Eh bien, souffrez qu'une grande loi vous éclaire et vous dise que la pression y est même plus forte sous certains rapports. Oui, du moment où la pression s'exerce au moyen de corps moins denses, plus ténus, d'une part, elle est moins bien transmise aux éléments oxygène, azote, carbone et à nos organes denses, qui alors tendent à se désunir ou à se raréfier et se refroidir ; mais, au contraire, elle est mieux transmise aux éléments plus ténus, qui, par conséquent, y éprouvent une compression plus forte, quoique moins sensible, sous forme de chaleur. Oui, n'étouffez pas le plus utile des principes si vous voulez éviter de nouveaux malheurs et prendre possession de cet élément.

Lors de la réunion annuelle des délégués des sociétés savantes à la Sorbonne, c'est aussi un groupe académique qui dispose, préside et prononce. Le simulacre d'organisation des délégués qui n'ont que le temps d'entendre une foule de rapides résumés ne pourrait d'ailleurs y suffire. Lorsque je voulus exposer ma découverte de formule générale de la force vive, le président du groupe de mathématiques me fit dès l'abord une opposition telle que je me retirai en protestant sans rien exposer. Pour qu'on ne suppose pas qu'il ne s'agissait que d'une chose sans importance, je fis distribuer hors séance des exemplaires de mon opuscule intitulé : *Les découvertes de la science devant le cercle vicieux et secret de l'organisation scientifique*, où se trouve cette formule. Après l'étude de cette note, le président de cette section, M. D..., de la faculté de Lyon, comprit la situation et vint jusque chez moi, 21, rue Vernier, aux Ternes, pour me présenter ses excuses, et, ne me trouvant pas, il m'en laissa l'expression écrite sur sa carte. En outre, cet homme de cœur, qui m'a dit avoir passé une bien mauvaise nuit à cause de cela, voulut m'exprimer ses sentiments de vive voix à la Sorbonne, et le vice-président fit de même. L'obscurantisme ne trouve pas toujours ses hommes.

Ensuite le long rapport du bureau académique, résumant les communications au *Journal officiel* (4 avril 1875), se termine par quelques mots me concernant. Ces quatre mots comprennent : 1° un mensonge ; 2° la dissimulation du sujet ; 3° l'intention de faire croire que la parole m'a été donnée librement ; 4° que j'ai pu exposer mon système ; 5° qu'il ne mérite pas d'être analysé ni connu ; 6° ces mots ne répondent en rien au rapport du président de section, M. D... : 7° ils englobent tout mon système, alors qu'il ne s'agissait que d'une formule ; 8° ils veulent dire aussi que ce système ne mérite aucune récompense ; 9° cette phrase déplacée de son ordre est mise à la fin pour en accentuer davantage les conséquences ; 10° on m'avait promis une rectification qui n'a pas été insérée au *Journal officiel*.

Bravo ! bravo, M. le rapporteur ! que de choses en quatre mots !

L'Académie en est encore aux termes généraux et vagues de force, d'équilibre, de plus forte ou de moindre résistance, qu'elle a cru devoir s'appliquer seuls à tout, faute d'avoir découvert la loi des transmissions de cette force et sans se douter de la prodigieuse complexité des faits non tangibles qui interviennent avec le principe du mouvement. L'Académie, et par suite notre philosophie, sont donc dans la plus regrettable des erreurs, puisqu'en même temps elles étouffent un principe qui simplifie et facilite au plus haut point toutes les branches de la science, si utiles au bien-être social, et laissent dans l'ombre un ordre de faits indubitables qui accuse merveilleusement l'action de l'âme dont l'idée est non moins utile au dogme, à la morale et à la quiétude humaine. Il y a donc là une voie de conciliation des plus heureuses et de la plus haute importance, aussi bien pour nous délivrer de la plus grande source de nos divisions politiques que pour faire succéder le bien-être à la misère.

Devant cette situation, l'Académie est bien embarrassée ; elle sent l'importance des bienfaits de cette découverte, puisqu'elle cherche à se l'approprier sous diverses formes. Pourquoi donc alors persister dans son opposition ? Ah ! c'est qu'elle craint, en adoptant directement cette découverte sous mon nom, de laisser voir que sa prétendue sagesse philosophique et scientifique s'est trompée... Et la majorité sacrifie l'intérêt public à son amour-propre !... Puis elle trouve son compte à ce vieil ordre de choses. Elle y trouve d'abord un privilége scientifique organisé à son profit. Il y a là une souricière scientifique où les gens non prévenus envoient leurs découvertes, et, le plus souvent, sous prétexte de choisir et d'arranger ces découvertes, l'Académie les met de côté pour se les approprier ensuite. J'ai déjà réclamé bien des fois contre cet abus ; et même sans sortir de l'article académique cité plus haut, en voici un exemple :

Naguère, ces savants, M. Flourens en tête, prétendaient que si la formation de nouvelles espèces était possible, c'était « *certainement le croisement qui devait les donner.* » Cela est certain, ajoutait M. de Quatrefages, « *puisqu'au lieu de deux types, on en obtient trois.* » Je répondis que c'était tout le contraire, que les deux types d'une génération donnée tendent à se fondre, à s'unifier dans la génération suivante qu'ils produisent !... Ces savants en hypothèses s'aveuglent à plaisir ; comment s'étonner de leurs méprises ? Les générations possibles et le croisement unifient dans une même espèce tout ce qu'ils peuvent embrasser, par suite de ce fait que l'être organisé est une moyenne entre les progéniteurs qui l'ont précédé et qui se multiplient en remontant chaque génération dans la proportion de 2, 4, 8, 16, 32, 64, etc. Bref, pour trente générations seulement, chaque être organisé est la moyenne de plus d'un milliard de générateurs. Mon article adressé à l'Académie non-seulement ne fut pas inséré dans les *Comptes rendus*, mais le titre même qui exprimait l'idée fut dénaturé en l'enregistrant. Or, aujourd'hui, l'Académie accueille (page 553) ce même fait sous le nom d'un des siens, M. Naudin; s'il est bon sous ce nom, évidemment il était bon sous le mien.

En conséquence, on voit qu'une nouvelle espèce ne peut résulter que des modifications que subit un groupe d'êtres qui vit longtemps isolé de l'espèce mère, dans des conditions spéciales de sol ou de milieu. Le sol modifiant, comme nous l'avons démontré, plantes et animaux (*tel sol, tel produit*), il suffit donc que les changements survenus dans ce groupe d'êtres soient assez prononcés pour que ses individus ne puissent plus procréer d'une manière continue avec l'espèce mère, afin qu'ils ne se refondent pas avec elle, et qu'il en résulte une nouvelle espèce ; comme le cochon d'Inde domestique qui ne s'accouple plus avec son ancêtre brésilien ou le chat du Paraguay avec son espèce mère d'Europe.

A ce sujet, l'Académie des sciences accueillit largement mes mémoires, constatant la transformation de l'homme par suite de l'influence du sol. Mais, croyant encore à la sincérité de la science, dès que je constatai celle des autres êtres par la même cause, elle s'aperçut... qu'elle m'avait consacré beaucoup plus de pages que ne le veut le règlement!... Il ne fut plus donné le moindre extrait de mes mémoires subséquents, pourtant bien plus étudiés que les premiers. Mon volume : *Origine et transformations de l'homme et des autres êtres*, fut épuisé avec une extrême rapidité par la librairie Hachette. Malgré ce succès, ou plutôt à cause de ce succès, il me fut impossible d'obtenir une deuxième édition!... et le *Principe universel du mouvement* fut retiré de la vente, là et ailleurs!!! Ainsi, avec le système fictif où notre philosophie trébuche à chaque pas, elle voulait la transformation des hommes pour montrer qu'ils sortent tous de la même souche ; mais elle ne voulait pas de celle des autres êtres, pour ne pas arriver à la transformation des espèces. En voyant tant d'inconséquences, qui ne prouvent ni ne sauvegardent rien, on ne se douterait pas que la nature a merveilleusement fait les parts nécessaires à la science et au dogme, et qu'il suffit de modifier quelques interprétations nées de l'ignorance. Quand donc nos philosophes se décideront-ils à prendre l'œuvre de l'Éternel pour base de leurs conceptions, au grand profit de toute chose ?

Avec ce vieux et informe système, ce n'est qu'à travers les plus cruelles entraves que les grandes idées se développent. Ce n'est que trois siècles après sa découverte que nous commençons à jouir des bienfaits de la vapeur. Le malheureux Salomon de Caus, qui découvrit la propriété répulsive des fluides et les merveilleux avantages de la vapeur, eut l'exil pour récompense ; il fut obligé d'imprimer son livre : *la Raison des forces mouvantes*, en pays allemand, à Francfort. Puis cet homme de génie a fini ses jours à Bicêtre, où il fut enfermé et où il mourut, comme Galilée, accablé de souffrances physiques et de tortures morales !

Aujourd'hui que les bienfaits de la vapeur ont fait explosion à travers les entraves philosophiques, l'Académie, au lieu de renoncer à son regrettable système, cherche à l'absoudre pour le mieux pratiquer ; elle fait à point des découvertes dans le « *Fond de la mare* de la Bibliothèque nationale » (*Comptes rendus*, t. LXXX, p. 333), et dans les documents *brûlés depuis quatre ans* à l'Hôtel de ville de Paris, où le secrétaire perpétuel disait avoir trouvé : jour du décès, lieu d'inhumation, etc., trouvailles qui contrediraient l'histoire et la tradition. Voilà comme on fait et refait l'histoire. Ainsi, notre philosophie affectionnait Salomon de Caus et son principe de répulsion ! Mais tous vos ouvrages montrent le contraire. Ouvrez *le Cartésianisme*, par exemple, ouvrage chargé de vos couronnes et qui a précisément pour sujet « la rénovation des sciences » à cette époque. Or, ce livre parle de tous les illustres fabricants d'hypothèses fausses, et notamment de celle de l'attraction, sous laquelle on veut noyer le principe si fécond et bienfaisant de la répulsion, l'âme de l'industrie. Mais du malheureux Salomon de Caus il n'est pas dit un seul mot, non, pas un seul mot, et c'était lui le génie de cette rénovation ! Alors, comme aujourd'hui, on étouffe la science vraie et l'on glorifie l'hypothèse. Alors, comme aujourd'hui, les amateurs d'hypothèses ont seuls la parole, s'aveuglent à coups d'encensoir et mettent impitoyablement le pied sur la source du bien-être social.

Pour les mêmes causes, l'Académie a repoussé ma découverte de l'expression de la force vive, qui embrasse sous une même formule ce qu'on appelle quantité de mouvement et force vive, et qui infirme le principe de Carnot. Comme ce principe n'est nullement exact, attendu que les longueurs de parcours d'un corps ne sont pas, comme il l'a supposé, proportionnelles aux forces qui les produisent, il était bien naturel qu'on l'introduisît partout avec la haute approbation académique, puisqu'il ne relève pas de lois vraies.

Dans ces conditions, l'Académie ne voulant ni recevoir la lumière d'un homme qui la critique, ni compromettre trop ouvertement sa réputation usurpée de favoriser la science, qu'elle recherche même par des discussions dans son sein, avec des compères qui ont soin de se mettre à côté des points délicats, comme dans la discussion sur les fermentations; l'Académie, dis-je, ne vit rien de mieux que d'accueillir le résultat de ma découverte sous le nom d'un de ses membres, et le 19 juillet 1875 on lisait dans les *Comptes rendus*, page 130 :

« La nouvelle théorie de la chaleur est arrêtée par le principe « de Carnot, qui n'est pas vérifiable par expérimentation directe... « Or, la conception de l'état vibratoire de la matière conduit avec « une si parfaite logique aux résultats, qu'elle permet d'arriver, « par les déductions les plus rigoureuses, non-seulement aux « faits constatés expérimentalement, mais encore audit principe, « appelé à un grand avenir... Il devient le véritable point de dé- « part qui relie mécanique rationnelle, physique, chimie, etc. « D'une inépuisable fécondité, cette théorie donne le secret des « phénomènes dynamiques les plus complexes... Rejeter la trans- « formation des mouvements insensibles à notre vue, c'est nier « toutes les bases de la science moderne. Nous laissons le soin « des hypothèses contradictoires à ceux qui veulent systématique- « ment condamner la chaleur à demeurer un agent inconnu et « mystérieux... Le moment est venu de substituer cette belle théo- « rie à des formules difficiles à saisir, qui n'ont pas un sens pra- « tique, qui éloignent les constructeurs et les mécaniciens de « l'étude de la science, et qui n'ont contribué en rien au perfec- « tionnement de nos machines, qui n'est résulté que du tâtonne- « ment... » Tel est, avec quelques réserves apparentes, qui font la part d'autres confrères déjà à l'œuvre, l'exposé de M. Ledieu, qui annonce prochainement un livre dans ce sens, pour résoudre les tentatives infructueuses faites sur le calorique depuis plus de vingt ans.

Ainsi, maintenant que j'ai découvert le mode d'action de la force vive, qui seule permet son application « mécanique, physique, chimique, etc.; » maintenant que j'ai démontré que ce principe n'offre que de grands avantages scientifiques et philosophiques, et nuls inconvénients, l'Académie l'admet sous le nom des siens !

Il serait superflu de qualifier un pareil procédé, et tout en remerciant sincèrement ceux des membres de l'Académie qui ont soutenu la justice et la raison : mon droit, je proteste énergiquement et fais appel aux sentiments d'équité.

Dès 1867, mon grand tableau du *Principe universel du mouvement* fut d'abord admis dans la section du ministre de l'instruction publique à l'Exposition universelle de Paris. Mais, sur des instances académiques, il fut enlevé de force de cette exposition.

Comment l'Académie se plaindrait-elle que je dévoile ses secrets, lorsqu'elle reconnaît elle-même que notre science classique fait de la chaleur un agent inconnu, qu'elle fabrique des hypothèses contradictoires qui entravent la science, qui n'ont pas de sens pratique, qui éloignent les constructeurs et les mécaniciens, qui n'ont contribué en rien au perfectionnement de nos machines, etc., etc.? « Puis, disent-ils, le moment est venu de substituer cette belle théorie à des formules difficiles à saisir, et qui n'ont pas de sens pratique. »

Dites-moi, je vous prie, pourquoi la véritable et belle théorie aurait été plus dangereuse autrefois qu'aujourd'hui? Dites donc plutôt qu'après avoir substitué la fiction d'attraction universelle à la réalité, qui est la répulsion calorique, éthérée, universelle, vous aviez peur des chimères qu'enfantait l'ignorance; car, sans connaître la loi des transmissions de force, il vous était impossible de vous rendre compte de l'étendue et de la réalité des phénomènes. Oui, il est temps de réformer les fantômes créés par votre ignorance.

Si l'on me demande pourquoi j'ose attaquer et critiquer de grands corps, qui comprennent des hommes les plus distingués, je répondrai que je n'agis pas seul, mais avec l'aide de la découverte de la plus importante des lois de l'univers, et qui, à elle seule, est plus forte que toutes les Académies du monde. C'est sans doute pour cela que l'on accumule si inconsidérément tant d'entraves académiques, officielles et autres devant ma découverte, qui pourtant fait de merveilleuses parts à la science et au dogme; tandis qu'on accorde tous les priviléges à l'Académie, qui, croyant que l'homme ne possède que les qualités d'une laitue, conduit au matérialisme, en jetant partout le trouble de ses fausses hypothèses, à l'effet de prouver le contraire. Les générations futures ne pourront pas croire que de pareilles choses aient pu avoir lieu.

Puis, à propos de la loi sur l'enseignement supérieur, un prélat bien connu vint vanter la bienheureuse époque où vingt-trois universités exclusivement vouées au système de réticence *répandaient la lumière sur la France!* qui avait plus d'universités pour 24 millions d'habitants qu'aujourd'hui pour 36 millions, etc. Personne dans la Chambre n'ayant rappelé le but précis de ces universités, je fis distribuer la note suivante avec mon livre :

Versailles, 5 janvier 1875.

« ... Avec les anciennes universités qui, par suite de regrettables idées préconçues, avaient pour but, non pas de développer la science, mais de la comprimer dans les plus étroites limites, la France ne nourrissait que 24 millions d'habitants avec d'affreux pain noir qu'on réserve pour les chiens aujourd'hui. On était vêtu parcimonieusement de serge et de toile grossièrement filée avec une extrême lenteur. On allait même jusqu'à défendre aux individus de choisir un état ; ce qui les empêchait de travailler selon les aptitudes spéciales que la nature donne. Aujourd'hui que nous sommes en partie délivrés des antiques entraves, la France nourrit 36 millions d'habitants, en général, avec de l'excellent pain et de l'aisance. Nos vêtements communs l'emportent sur le luxe si rare chez nos aïeux. Il y a plus de confortable dans une seule de nos cités que dans toute la France d'autrefois. Sans peine nous voyageons comme le vent, au lieu de nous embourber dans de mauvais chemins défoncés. La foudre est devenue notre humble servante pour porter nos dépêches, cent fois plus vite que l'imagination la plus exigeante n'eût osé l'espérer. Des milliers de machines déchargent les bras de l'homme et font beaucoup mieux et plus vite que ses membres alourdis et fatigués. Est-ce à l'Académie que nous sommes redevables de tout cela ? Non ! « L'Académie n'a-t-elle pas condamné : 1° la « vapeur ; 2° les chemins de fer ; 3° la télégraphie électrique, que « l'on considérait comme un joujou de salon ? — *Le Propagateur*, « novembre 1875. » Puis la science, armée enfin de son vrai principe, nous donnera infailliblement le comble du bien-être que l'homme puisse espérer, en même temps qu'une base morale et religieuse infiniment supérieure à celle du système de réticence scientifique. En présence de ces résultats, oseriez-vous jeter la pierre à la science et prôner l'antique ignorance?

« Les quelques personnes qui désirent encore l'ignorance, en ne songeant qu'à des priviléges illusoires et inconstants, ne doivent pas perdre de vue que cette idée fausse ne pouvait avoir quelque apparence de raison qu'avec les priviléges seigneuriaux. Quand de très-rares privilégiés héritaient du pouvoir, des honneurs et des biens, et qu'ils ne pouvaient hériter en même temps des facultés supérieures dont la nature s'est réservé la disposition, alors, il n'y avait qu'un moyen de dominer, c'était de semer l'ignorance autour de soi, en invoquant des prétextes religieux et en sacrifiant la puissance de l'humanité à ces quelques égoïsmes personnels.

« Aujourd'hui, ces erreurs disparaissent, les peuples sont gouvernés par les intelligences supérieures, de quelque classe qu'elles sortent. Dès lors, quel que soit le niveau que l'humanité puisse atteindre, il y aura toujours des hommes supérieurs capables de gouverner les peuples, sans anéantir leurs facultés.

« Songez que la science travaille pour tous et que chacun en profite en proportion de ses économies, tandis que les privilèges sont rares, trompeurs et payés de luttes perpétuelles. Prenez les précautions que vous jugerez nécessaires contre les partis, dont chacun travaille pour lui aux dépens des autres. Mais de grâce, laissez la liberté vivifiante à la science qui travaille indistinctement pour toutes les classes, pour tous les partis, qui travaille pour l'humanité tout entière. »

N'est-il pas bien triste de songer que ce n'est qu'à la faveur des révolutions que la science et le bien-être ont pu se développer ?

Deux jours après la distribution de cette note en tête de mon livre, la majorité de la Chambre, qui jusqu'alors s'était montrée avec des sentiments tout différents, se prononça à une voix de majorité dans le sens de la République, ce que rien ne faisait prévoir, puis à une majorité croissante aboutissant à son triomphe du 25 février. Je dois me considérer comme satisfait, si j'ai pu apporter à cet édifice, une pierre qui permette à la science et au bien-être matériel et moral de se développer sans révolution ni coup d'Etat.

L'Académie des sciences, en faisant de la force organique qui donne les êtres inférieurs un fait mystérieux, qu'elle divinisait spécialement, n'a pas compris qu'elle s'appuyait sur un phénomène facile à démontrer, même par son mécanisme, et dont la connaissance est du plus haut intérêt pour l'humanité, puisque les fermentations, selon le cas, préparent nos aliments ou causent les miasmes, les pestes, etc. Au contraire, elle laisse dans l'ombre le principe de l'intelligence et de la volonté, qui, au lieu de résulter d'une force immédiate seule, plante ses racines dans les époques les plus reculées, avec le cumul de l'œuvre des êtres et se montre en opposition avec le principe fatal du mouvement.

La fermentation n'est, en effet, qu'un phénomène d'ordre matériel immédiat et assez simple. L'oxygène et le carbone ne se combinent pas lorsqu'ils sont librement mélangés à l'azote, corps d'une densité intermédiaire, qui facilite leur transmission de mouvement répulsif. Mais lorsqu'ils sont en présence d'un corpuscule azoté solide, l'azote de celui-ci repousse plus efficacement son semblable, l'azote du milieu, que le carbone et l'oxygène différents qu'il laisse approcher et qui se combine alors sous cette influence en acide carbonique. Puis cet acide, devenu plus dense que ses éléments, reçoit mieux la force répulsive du corpuscule solide et s'en éloigne, pour faire place à d'autres éléments : carbone et oxygène qui viennent se combiner à leur tour pour s'éloigner de même et ainsi de suite ; tout cela avec la simple loi : *Le mouvement répulsif se transmet mieux entre corps plus semblables qu'entre corps plus différents.*

Voilà donc la chaleur et le mouvement organique déterminés avec leurs conséquences par la seule présence d'un corpuscule azoté, assez solide pour ne pas se combiner avec l'acide carbonique et sans qu'il soit nécessaire de recourir aux germes mystérieux de M. Pasteur, qui ne sont nécessaires et constatés que lorsqu'il s'agit d'êtres déjà perfectionnés. Ainsi ce n'est pas dans une action immédiate et saisissable qu'il faut voir le mystère.

Puis voyons cette chaleur qui semble tirée de rien et autour de laquelle la science patauge depuis si longtemps sans constater qu'elle tient surtout aux différences de densités des corps combinées avec leur puissance et leur facilité de mouvement selon l'état. Sous l'impulsion universelle, les corps prennent des mouvements vibratoires d'autant plus rapides et courts qu'ils sont moins denses. Or, lorsque le carbone et l'oxygène se combinent en acide, il prend des vibrations plus lentes et plus puissantes, qui étant moins différentes de celles de nos organes lui sont mieux transmises et par conséquent mieux senties. En devenant moins différent de densité, l'acide transmet aussi mieux sa force aux corps denses. En général un corps que l'on comprime s'échauffe parce que ses molécules, en devenant plus denses, nous transmettent mieux leur force, si on le dilate il se refroidit par la raison inverse. Voilà le grand mystère, toujours expliqué par la même loi ! Il n'y a ni force créée, ni force perdue ; mais simplement transformations de mouvements plus ou moins transmissibles.

Vous voyez bien, grands philosophes, que vous ne pouviez connaître exactement la puissance du mouvement et de la chaleur, sans connaître la loi des transmissions de force. Vous avez fait votre *Deus ex machina* du mouvement et de la *pression* universelle insuffisamment connus, vous avez cru que tout dépendait d'une manière immédiate ou consécutive de ces forces brutes. Vous n'avez pas compris que le mouvement, ou la moindre pression, pouvait être dirigée dans les êtres organisés par l'expérience des siècles de siècles et par l'influence d'un principe supérieur qui échappe à nos facultés limitées.

O grands philosophes, faites votre *meâ culpâ* et acceptez l'œuvre divine qui ne saurait être mesurée à des capacités bornées !

O vous tous hommes intelligents, que vous ayez le bon sens, la science ou le pouvoir, aidez, aidez à cette œuvre de bien ; un seul homme devant le préjugé, ne serait qu'un atome devant l'aveugle torrent.

Délivrez-nous du voile obscur mis par notre philosophie sur le principe de la chaleur et sur les yeux de l'homme de science, du travailleur et du mécanicien pour dérouter ses recherches.

Délivrez-nous de la fausse hypothèse d'attraction qui encombre nos livres classiques et paralyse des millions d'intelligences qui, sans elle, donneraient le plus grand essor à la science et au bien-être.

Délivrez-nous de la foule des fausses hypothèses qui amène la lutte entre le progrès et l'obscurantisme et nous donne révolution, guerre et misère.

Délivrez-nous de l'erreur qui oppose le dogme au progrès, alors que chacun a sa part dans la nature, et nous pourrons enfin nous écrier au milieu de la prospérité et de la satisfaction générale :

LA SCIENCE VRAIE, C'EST LA RICHESSE ET LA PAIX !

TRÉMAUX, 1876.

OUVRAGES DU MÊME AUTEUR

PUBLIÉS AVEC ENCOURAGEMENTS DU GOUVERNEMENT

Voyages au Soudan oriental et dans l'Afrique septentrionale, comprenant 61 planches in-folio (2e tirage).

Parallèle des édifices anciens et modernes du continent africain, comprenant 82 planches in-folio (2e tirage).

Exploration archéologique en Asie Mineure ; parus 92 planches in-folio, 10 grands plans de cités antiques et texte explicatif.

VOLUMES SÉPARÉS :

Egypte et Éthiopie, in-8o, deuxième édition.

Le Soudan, in-8o, deuxième édition.

Origine et transformations de l'homme et des autres êtres. — Librairie HACHETTE, in-12. Ouvrage très-promptement épuisé en 1865. — Pas d'autres éditions.

Principe universel du mouvement, de l'état de la matière et de la vie, 1re édition, commencée par livraisons.

Principe universel du mouvement et des actions de la matière, et applications à la matière comme à la vie, 2e édition.

Cet ouvrage, *bien que* TRÈS-ABRÉGÉ, est plus complet que la première édition.

Paris. — Typographie A. HENNUYER, rue d'Arcet, 7.

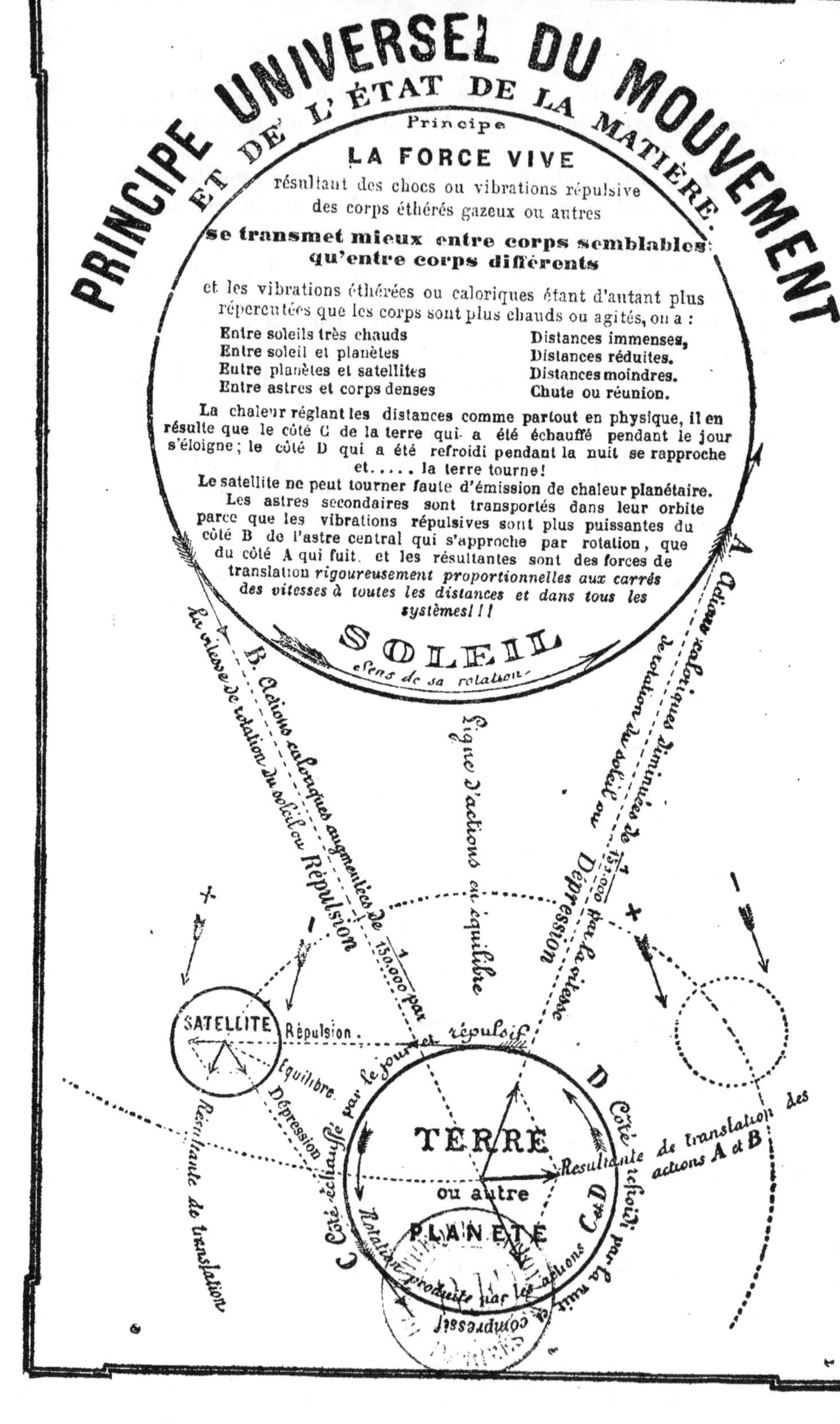
PRINCIPE UNIVERSEL DU MOUVEMENT
ET DE L'ÉTAT DE LA MATIÈRE.
Principe
LA FORCE VIVE
résultant des chocs ou vibrations répulsive
des corps éthérés gazeux ou autres
se transmet mieux entre corps semblables
qu'entre corps différents
et les vibrations éthérées ou caloriques étant d'autant plus
répercutées que les corps sont plus chauds ou agités, on a :
Entre soleils très chauds — Distances immenses,
Entre soleil et planètes — Distances réduites.
Entre planètes et satellites — Distances moindres.
Entre astres et corps denses — Chute ou réunion.
La chaleur réglant les distances comme partout en physique, il en résulte que le côté C de la terre qui a été échauffé pendant le jour s'éloigne ; le côté D qui a été refroidi pendant la nuit se rapproche et..... la terre tourne !
Le satellite ne peut tourner faute d'émission de chaleur planétaire.
Les astres secondaires sont transportés dans leur orbite parce que les vibrations répulsives sont plus puissantes du côté B de l'astre central qui s'approche par rotation, que du côté A qui fuit, et les résultantes sont des forces de translation rigoureusement proportionnelles aux carrés des vitesses à toutes les distances et dans tous les systèmes ! ! !
SOLEIL
Sens de sa rotation
B. Actions caloriques augmentées de $\frac{1}{150,000}$ par la vitesse de rotation du soleil ou Répulsion
Ligne d'actions en équilibre
A Actions caloriques diminuées de $\frac{1}{150,000}$ par la vitesse de rotation du soleil ou Dépression
+
−
−
+
SATELLITE
Répulsion
Equilibre
Dépression
Résultante de translation
Côté échauffé par le jour et répulsif
C
TERRE
ou autre
PLANETE
D Côté refroidi par la nuit et compressif
Résultante de translation des actions A et B
Rotation produite par les actions C et D

www.ingramcontent.com/pod-product-compliance
Lightning Source LLC
LaVergne TN
LVHW050508160826
845677LV00003B/1014